BEI GRIN MACHT SICH IHR WISSEN BEZAHLT

AF136066

- Wir veröffentlichen Ihre Hausarbeit,
  Bachelor- und Masterarbeit

- Ihr eigenes eBook und Buch -
  weltweit in allen wichtigen Shops

- Verdienen Sie an jedem Verkauf

Jetzt bei www.GRIN.com hochladen
und kostenlos publizieren

Der Digital Twin. Ihre Funktionsweise, benötigte Kommunikation und Software Anbieter

Marc Sladkowski

Bibliografische Information der Deutschen Nationalbibliothek:

Die Deutsche Nationalbibliothek verzeichnet diese Publikation in der Deutschen Nationalbibliografie; detaillierte bibliografische Daten sind im Internet über http://dnb.d-nb.de abrufbar.

ISBN: 9783346546647
Dieses Buch ist auch als E-Book erhältlich.

Druck und Bindung: Books on Demand GmbH, Norderstedt Germany
Gedruckt auf säurefreiem Papier aus verantwortungsvollen Quellen

Das vorliegende Werk wurde sorgfältig erarbeitet. Dennoch übernehmen Autoren und Verlag für die Richtigkeit von Angaben, Hinweisen, Links und Ratschlägen sowie eventuelle Druckfehler keine Haftung.

Das Buch bei GRIN: https://www.grin.com/document/1146309

FOM Hochschule für Oekonomie & Management
Studienzentrum Stuttgart

Semesterarbeit
Wirtschaftsingenieurwesen

Semesterarbeit im Fach

Vernetzte Produktion

über das Thema

Digital Twin

von

Marc Sladkowski

Abgabedatum: 15.05.2021

Inhaltsverzeichnis

Abbildungsverzeichnis

1 Einleitung

1.1 Motivation und Zielsetzung

Im 21. Jahrhundert schreitet die Digitalisierung immer schneller und weiter voran. Nach der Industrie 1.0 Mechanisierung, Industrie 2.0 Massenfertigung, Industrie 3.0 Digitalisierung wird nun mit der Industrie 4.0 eine neues Arbeitszeitalter eingeläutet.[1] In diesem neuen Arbeitszeitalter erlangt die Verknüpfung von Maschinen einen über das Internet der Dinge (IoT, Internet of Things) besonderen Stellenwert.

Da viele Maschinenhersteller unterschiedlichste Programmiersprachen verwenden, muss für eine Verknüpfung der Maschinen, eine gemeinsame Sprache eingesetzt werden. Damit können keine wichtigen Daten bei der horizontalen wie auch vertikalen Kommunikation untereinander verloren gehen.

Diese Kommunikation der Maschinen ist Voraussetzung für einen digitalen Zwilling. Denn bei einem digitalen Zwilling wird die reale Welt in einer virtuellen wieder gespiegelt.[2]

1.2 Aufbau

Sie haben das Anliegen Ihr mittelständisches Unternehmen zu digitalisieren. Mit Hilfe eines digitalen Zwillings wollen Sie eine Basis für Planung und Geschäftsentscheidungen schaffen.

Es ist meine Aufgabe eine IT-Lösung für den digitalen Zwilling zu erarbeiten. Da Sie einige Maschinen von unterschiedlichsten Herstellern haben ist es zwingend notwendig eine gemeinsame Sprache zu finden mit welcher die Maschinen untereinander kommunizieren können. Hierbei werde ich drei unterschiedliche Sprachen aufzeigen und miteinander vergleichen.

Des Weiteren habe ich einige Softwareanbieter und deren IT-Lösung angeschaut. Am Ende meiner Ausarbeitung gebe ich Ihnen eine Empfehlung, welche Sprache zur Kommunikation der Maschinen und welcher Softwareanbieter für Sie am geeignetsten ist.

---

[1] Vgl. Schönfelder, 2018
[2] Vgl. Rosen, 2015

2 Kommunikation

Menschen aus demselben Land oder Region kennen kaum Grenzen bei der Kommunikation untereinander. Dies ändert sich bei dem Überschreiten der Ländergrenzen. Hierbei wird die Kommunikation untereinander schwerer. Genau dieses Szenario lässt sich auf die Kommunikation der Maschinen abbilden. Jeder Maschinenhersteller benutzt seine eigene Programmiersprache.

In der Industrie 4.0 wie auch beim digitalen Zwilling müssen Maschinen, unabhängig vom Hersteller, miteinander kommunizieren können.

2.1 OPC UA

Mit Open Platform Communications Unified Architecture (OPC UA) wird die Kommunikation zwischen Maschinen unterschiedlichster Hersteller vereinfacht. Die OPC Foundation hat mit der OPC UA einen internationalen Standard geschaffen, welcher von vielen Experten als die Basis der Industrie 4.0 wie auch der IoT gesehen wird.[3]

OPC ist nicht neu auf dem Markt, es gibt einige Vorgänger des UA-Modells. Die OPC Foundation besteht aus weltweit mehr als 800 Mitgliedern. Die Foundation mit Hauptsitz in Phoenix, Arizona USA, ist eine nonprofit Organisation. Zu den Mitgliedern gehören Weltmarktführer in den Bereichen IT und Industrie (Microsoft, SAP, Cisco, Rockwell Automation, ABB, Yokogawa, GE, Bosch Roxroth, ThyssenKrupp, Siemens, Beckhoff, Festo, AIC), sowie Organisationen, Verbände und Forschung (OMAC, PLCopen, FDI, DFKI).[4]

OPC UA ist eine sichere zuverlässige und plattformunabhängige M2M (Maschine-to-Maschine) Kommunikationsanwendung, welche einen horizontalen sowie vertikalen Informationsaustausch ermöglicht.

---

[3] Vgl. Volkswagen Groupe Components 2020
[4] Vgl. opc Foundation 2021

Diese Abbildung wurde aus urheberrechtlichen Gründen von der Redaktion entfernt.

Abb.1 OPC UA Kommunikationsebenen

Wie in der Abbildung 1 zu sehen ist verknüpft OPC UA jegliche Kommunikationsebenen. Dabei ist die Anwendung häufig in der Operational Technology (OT) zu finden, welches die Bereiche Factory Floor, PLCs und SCADA/HMI umfasst. Die Aufgabe ist es, Daten der einzelnen Maschinen, Sensoren, Aktoren des Unternehmens zu sammeln und zu speichern. Darüber hinaus werden die gespeicherten Daten für alle Nutzer zur Verfügung gestellt.

In der Information Technology (IT) werden die Werte der gesammelten Daten aus dem OT, bewertet und aufbereitet um Ausfälle von Maschinen frühzeitig zu erkennen und Wartungen beizeiten durchführen zu können. Des Weiteren können Geschäfts- oder Prozessentscheidungen besser vorweg gegriffen werden, um Kosten und Ressourcen zu sparen.

Mit Hilfe der IoT werden die Daten nicht nur gesammelt sondern können versendet und empfangen werden. Dies ermöglicht einen schnelleren Datenaustausch gewährleisten zu können, ohne eine Infrastruktur in Form von Kilometer langen Kabeln implementieren zu müssen.[5]

---

[5] Vgl. Industrie 4.0, S.389

Kurz gesagt, die Maschinen generieren Informationen, welche mit der OPC UA für alle nutzbar gemacht werden. Diese müssen nicht zwingend auf einem eigenen Server gespeichert werden. Sie können auch in Clouds abgelegt werden, wodurch ein grenzenloser Zugriff auf die Daten ermöglicht wird. Dies bedeutet, dass zu jeder Zeit und bei jedem Problem das Fachpersonal von überall auf der Welt darauf zugreifen kann um notwendige Schritte einzuleiten um das Problem zu beheben.

OPC UA ist stark segmantisch mit seinem hierarchischen Objektmodell geprägt.[6] Da große Unternehmen zumeist ein deutlich höheres Datenaufkommen organisiert bekommen müssen, ist OPC UA eine gute Stütze. Für kleine- und mittelständische Unternehmen sind zumeist schlankere Versionen der OPC UA vorteilhafter.

2.2 Alternative MQTT

Message Queuing Telemetry Transport (MQTT) ist eine der schlankeren Versionen des OPC UA.[7] Dennoch können die beiden Programme nicht eins-zu-eins miteinander verglichen werden.[8] Das MQTT besitzt nicht so ein ausgeprägtes hierarchisches Objektmodell, sondern verbindet Geräte mit einer einfachen Publish/Subscribe Implementierung. Es wurde entwickelt um kleinere Geräte mit einer geringeren Rechenleistung an ein Netzwerk zu verbinden. Hier nutzen zumeist kleine Sensoren das Netzwerk um miteinander zu kommunizieren.

MQTT ist deutlich einfacher in der Anwendung, da nicht die Menge an Daten gespeichert und archiviert werden wie bei der OPC UA.

Die Vorteile bei der Generierung von Echtzeitdaten liegt deutlich bei der MQTT. Grund hierfür ist, dass kleinste Sensoren die erfassten Daten mit einer Kennzeichnung (Topic) an einen Broker (Server oder Cloud) schicken. Der Broker speichert die Daten und kann diese an andere Geräte abgeben, die das Topic abonniert haben.[9]

---

[6] Vgl. art-Software
[7] Vgl. art-Software
[8] Vgl. OPC UA versus MQTT, 2019
[9] Vgl. Wie Äpfel und Birnen, 2020

Diese Abbildung wurde aus urheberrechtlichen Gründen von der Redaktion entfernt.

Abb.2 Beispiel für die Funktion eines MQTT

In der Abbildung 2 ist die Funktionsweise eines MQTT Systems vereinfacht dargestellt. Der Temperaturfühler auf dem Balkon sendet mit dem Topic „balkon/temperatur/21°C" erfasste Daten in Intervallen an den Broker.[10] Dieser speichert die Daten solange bis diese von dem Temperaturfühler aktualisiert werden. Andere Geräte, wie in diesem Beispiel das Smartphone oder Laptop, können durch ein abonnieren (subscribe) auf die gespeicherten Daten zugreifen. In diesem Beispiel würde das Smartphone die aktuelle Temperatur auf dem Balkon angezeigt bekommen.

Es können auch weitere Geräte bei dem Broker auf das Topic zugreifen. Zum Beispiel kann ein Ventilator das Topic abfragen. Bei einer bestimmten Temperatur kann veranlasst werden, dass der Ventilator sich selbst einschaltet um die Temperatur zu senken.

Die Datenübermittlung kann, im Quality of Service (QoS), in drei Sicherheitsstufen eingestuft werden.[11]

---

[10] Vgl. Informatik-aktuell MQTT, 2017
[11] Vgl. QoS in MQTT Protocol, 2019

QoS 0: At most once oder auch "fire and forget" genannt; garantiert, dass die Daten maximal einmal beim Subscriber ankommt. Jedoch garantiert QoS 0 nicht, dass die Daten überhaupt ankommen.

QoS 1: At least once; garantiert, dass die Daten mindestens einmal bei dem Subscriber eintrifft. Es können aber auch mehrmals dieselben Daten eintreffen.

QoS 2: Exactly once; garantiert, dass keine Duplikate entstehen, also keine mehrfach Versendung an den Subscriber. Diese garantiert, dass exakt einmal die Daten beim Subscriber ankommen.

Die einzelnen Quality of Service Einstufungen können beliebig gewählt werden. Die QoS 2 brauch eine deutlich höhere Bandbreite um die Daten zu übermitteln als die anderen beiden. Diese wird hauptsächlich bei Kritischen Daten gewählt.[12]

2.3 Alternative PPMP

Production Performance Management Protocol (PPMP) ist ebenso eine schlanke Version von OPC UA. Mit dem PPMP werden Daten von einzelnen Maschinen und deren Prozesse auf einem Server gespeichert. Hierbei werden Echtzeitdaten erfasst, die der aktuelle Prozess erarbeitet hat. Diese können analysiert und für den nächsten Prozess optimiert werden.[13]

Zusätzlich können ganze Produktionslinien über PPMP kommunizieren um die Produktqualität als auch Quantität zu steigern und zugleich die Kosten zu senken.

Über die direkte IT-Lösung von PPMP wurden keine hinreichende Daten gefunden um diese aufzuführen.

3 Digital Twin

Der digital Twin (deutsch: digitaler Zwilling) ist eine Software, welche die reale Welt in einer virtuellen Welt abbildet.[14] Nachfolgend wird dessen Funktionsweise näher veranschaulicht.

---

[12] Vgl. Informatik-aktuell MQTT, 2017
[13] Vgl. Bosch Connected World
[14] Vgl. Schlüsseltechnologien für die Produktion, 2020, S.48

3.1 Funktionsweise

Diese Abbildung wurde aus urheberrechtlichen Gründen von der Redaktion entfernt.

Abb.3 Digitaler Zwilling, reale- in virtuelle Welt

Der Digitale Zwilling lässt sich in drei Kategorien unterteilen: Produktion, Produkt und Performance.[15]

Der digitale Zwilling der Produktion kann Gegenstücke abbilden, die noch in der Planung sind. Dies hat den Vorteil, dass in der Planung Maschinen oder auch Dienstleistungen virtuell simuliert werden können ohne im Voraus Kosten zu generieren.

Damit eine realistische virtuelle Welt erstellt werden kann, ist es vorteilhaft Basisdaten als Grundlage zur Verfügung zu haben. Genau aus diesem Grund ist es äußerst wichtig eine Sprache implementiert zu haben, welche alle Daten der vorhandenen wie auch zukünftigen Maschinen erfasst zu haben, die dann als einheitlicher Datensatz ausgegeben werden können.

Wie in Abbildung 3 abgebildet, wird ein realer Roboter, links, mit einer Software in die virtuellen Welt, rechts, abgetragen. In den Daten sind Maße der Maschine, benötigter Lichtraum, sowie Leistungsfähigkeit erfasst. Mit den Daten können detaillierte Produktionsorte virtuell geplant werden.[16]

---

[15] Vgl. Digital Twin Computerwoche, 2018
[16] Vgl. Schlüsseltechnologien für die Produktion, 2020, S.49

Der digitale Zwilling des Produktes kann ein zu fertigendes Produkt virtuell abbilden und auch Tests daran durchführen. Dadurch müssen nicht erst die Produkte gefertigt werden um dann durch einen zerstörenden Test diese zunichte zu machen. Der komplette Test kann simuliert und neue Daten durch den Test generiert werden.

Die dritte Kategorie des digitalen Zwillings ist die Performance. Hierbei werden Maschine/Anlage permanent mit neuen Informationen versorgt. Diese werden als eine Art Gedächtnis gespeichert. Hierbei werden Daten über Qualität, Energieverbrauch sowie notwendige Wartungen erhoben.[17] Mit den erhobenen Daten können Maschinen-Stillstände reduziert oder auch ganz vermieden werden.

Durch die Verknüpfung mit bereits gespeicherten Daten kann die Effizient in der Produktion gesteigert werden. Darüber hinaus wird wertvolle Zeit bei der Planung und Entwicklung von Anlagen eingespart. Grund hierfür ist, dass vorangegangene Tests in der Realität nicht mehr notwendig sind.

Ein Beispiel aus der Praxis: Maserati, ein italienischer Sportwagenhersteller, konnte mit dem digitalen Zwilling die Entwicklungszeit um die Hälfte reduzieren.[18]

Die verschiedenen Steuermöglichkeiten machen die Produktion im gesamten deutlich flexibler, wodurch Einzelfertigungen preiswerter zu fertigen sind. Wird der digitale Zwilling mit Echtzeitdaten versorgt, die wiederum für sofortige Optimierungen genutzt werden können.[19]

3.2 Software Anbieter

Es gibt viele Software Anbieter für den digitalen Zwilling. Jeder Anbieter hat seine eigene IT-Lösung entwickelt und hat noch einige Schwächen. In diesem Kapitel werden eine paar Software Anbieter vorgestellt.

Siemens hat ein umfangreiches Lösungsportfolio, welches für viele Branchen einsetzbar ist. Es ist notwendig, dass der digitale Zwilling auf die jeweilige Branche und Anwendung angepasst wird. Da Siemens keine aktuelle Maschinenanbindung an das OPC UA geplant hat, sind Maschinen unterschiedlichster Hersteller nicht direkt kompatibel.

---

[17] Vgl. Schlüsseltechnologien für die Produktion, 2020, S.49
[18] Vgl. Haben Sie schon einen digitalen Zwilling, 2019
[19] Vgl. Schlüsseltechnologien für die Produktion, 2020, S.48

Die neuste Maschinensteuerung S7-1500 kann einen eingebauten OPC UA Server vorweisen. Die Schwäche der Siemens Software ist die MES-Lösung. Das deutsche Synonym für das MES-System ist Produktionsleitsystem.[20]

Dassault Systems ist ein französisches Unternehmen, welches seinen Schwerpunkt auf Produktentwicklung gesetzt hat. Das Unternehmen ist eines des führenden Hersteller von Product-Lifecycle-Management Systemen (PLM-System). Siemens und Dassault sind bei der Produktenwicklung mit ihren Lösungsportfolios auf demselben Weg. Dassault bietet dem Kunden Lösungen an, um einen schnellen und kostengünstigen Start zu ermöglichen. Die Schwächen bei Dassault sind analog zu Siemens. Trotz dessen, dass Dassault mit Apriso ein MES eingekauft hat, sind beide Unternehmen dabei ein Lösungsportfolio aufzubauen.[21]

Als Konkurrenz zu Siemens und Dassault setzt PTC ebenso seine Priorität auf die Produktentwicklung. Hierbei wurde von PTC eine Plattform aufgebaut, welche Lösungen zum Thema BigData und Augmented-Reality dem Anwender anbietet.

Für das MES-Problem steht PTC in einer Kooperation mit General Electric (GE). Durch die Kooperation profitieren beide Unternehmen. PTC konnte eine Lösung für das MES-Problem finden. GE hatte hingegen Lücken im Bereich PLM. Dies hat zur Folge, dass GE eine Gesamtlösung vom Engineering bis hin zur Produktion gefunden hat.

Das unternehmenseigene MES ist für die zentrale Steuerung und Produktion zuständig. Der Anpassungsaufwand bei der Anbindung unterschiedlichster Maschinen ist erheblich.

SAP bietet mit ihrem Produkt BIM (Building Information System) ein breites Spektrum an Lösungen für das Gebäudemanagement. Die Spannweite deckt den gesamten Lebenszyklus des Gebäudes ab, also von der Neuerrichtung bis hin zum Facility Management (Instandhaltung).

---

[20] Vgl. Digital Twin Produkthersteller und ihre Lösungen, 2018
[21] Vgl. Digital Twin Produkthersteller und ihre Lösungen, 2018

Fazit

Anhand dieser Ausarbeitung wurde klar wie wichtig es ist, dass Maschinen unterschiedlichster Hersteller mit einer gemeinsamen Sprache kommunizieren. Viele digitale Zwillings-Anbieter versteifen sich auf ihre eigenen Lösungsportfolios. Dies ist durchaus nachvollziehbar, bring bei der Anbindung jedoch erhebliche Aufwandskosten. Der internationale OPC UA Standard ist eine mögliche Lösung um die Aufwandskosten zu reduzieren, dennoch zögern die Software-Anbieter von digitalen Zwillingen noch.

Meine Empfehlung für Ihr Anliegen ist es eine Infrastruktur mit OPC UA zu errichten. Auf den ersten Blick scheint es, dass OPC UA den Umfang sprengen würde. Jedoch besteht darin jede Menge Potential. Bei einem MQTT System können einzelne Sensoren und kleinere Bauteile angesteuert werden. Diese Möglichkeit bietet Ihnen auch OPC UA und weitaus mehr. Zu PPMP können hierbei keine Empfehlungen geäußert werden, da der Informationsgehalt zu gering ist um eine Empfehlung auszusprechen.

Mit OPC UA können Sie alles Daten, die Ihnen die Maschinen liefern, speichern und bei Bedarf darauf zurück greifen. Zudem ist es möglich jegliche Daten auszuwerten, Schlüsse daraus zu ziehen und den Prozess zu optimieren.

Dafür benötigen Sie eine geeignete Software bzw. einen geeigneten Software Anbieter, welcher Ihnen diese auf Ihr Unternehmen anpasst. Anhand den aufgezeigten Software Anbieter würde ich Ihnen den digitalen Zwilling von General Electric oder PTC empfehlen. Da die beiden Unternehmen eine Kooperation miteinander eingegangen sind, sollten die Software ähnlich sein. Auch wenn die Basis der Kommunikation noch nicht geschaffen ist, gäbe es hierbei mit der OPC UA einen geringeren Anpassungsaufwand.

Momentan decken die Software von General Electric und PTC das meiste ab. Von der Produktentwicklung bis hin zur Produktionsentwicklung bietet Ihnen das Portfolio Lösungen.

Immens wichtig ist für Sie eine geeignete Infrastruktur zu implementieren bevor Sie sich auf einen Anbieter festlegen. Da die Konkurrenz recht nah beisammen liegt können andere Anbieter wie Siemens und Dassault den beiden genannten Anbietern noch den Rang ablaufen.

Sollte für Sie ein Neubau Ihrer Firma in Betracht gezogen werden, dann wäre SAP eine weiter Option um mit Hilfe eines digitalen Zwillings das Gebäude zu planen und pflegen.

Literaturverzeichnis

Schönfelder, Christoph (Schönfelder, 2018*): Muße* – Garant für unternehmerischen Erfolg, *1. Auflage, Deutschland: Wiesbaden*

Vogel-Hauser, Birgit, Bauernhansl, Thomas, Ten Hompel, Michael (Industrie 4.0, 2017*): Handbuch Industrie 4.0 Bd.2 – Automatisierung, 2. Auflage, Deutschland: Berlin*

Pistorius, Johannes (Schlüsseltechnologien für die Produktion, 2020*): Industrie 4.0 – Schlüsseltechnologien für die Produktion: Grundlagen, Potential, Anwendungen, 1. Auflage, Deutschland: Berlin*

Verzeichnis der Internetquellen

OPC Foundation (opc Foundation, 2021): https://opcfoundation.org/members/ (Zugriff 13-05-2021, 16:05 MEZ)

OPC UA Informationsmodel für Produktions-, Maschinen- und Betriebsdatenerfassung (Maschinenschnittstelle) (Volkaswagen Group Components, 2020): OPC_UA_Lastenheft_Standardisierung_Anlagenkommunikation_V2.0_neu. pdf (Zugriff 13-05-2021, 16:05 MEZ)

Sciencedirekt.com (Rosen, 2015): About the importance of autonomy and digital twins for future of manufacturing.pdf (Zugriff 13-05-2021, 16:05 MEZ)

Industrie.de (OPC UA Kommunikationsebenen, 2021): https://industrie.de/top-list/opc-ua-strategie-zu-einheitlichen-schnittstellen-in-der-produktion/ (Zugriff 14-05-2021, 20:43 MEZ)

Atr-Software.de (atr-Software, 2021): atr_software.pdf (Zugriff 14-05-2021, 20:57 MEZ)

Factorynet.at (OPC UA versus MQTT, 2019): https://www.factorynet.at/a/opc-ua-versus-mqtt-gelingt-der-direkte-vergleich (Zugriff 14-05-2021, 21:16 MEZ)

Industr.com (Wie Äpfel und Birnen, 2020): https://www.industr.com/de/opc-ua-und-mqtt-wie-aepfel-und-birnen-2529334 (Zugriff 14-05-2021, 21:28 MEZ)

Informatik-aktuell.de (Beispiel für die Funktion eines MQTT, 2017): https://www.informatik-aktuell.de/betrieb/netzwerke/mqtt-leitfaden-zum-protokoll-fuer-das-internet-der-dinge.html (Zugriff 14-05-2021, 21:43 MEZ)

Informatik-aktuell.de (Informatik-aktuell MQTT, 2017): https://www.informatik-aktuell.de/betrieb/netzwerke/mqtt-leitfaden-zum-protokoll-fuer-das-internet-der-dinge.html (Zugriff 14-05-2021, 21:43 MEZ)

Date Communication and Networks (QoS in MQTT, 2019): A Formal Modeling Approach for QOS in MQTT Protocol.pdf (Zugriff 14-05-2021, 21:41 MEZ)

Bosch (Bosch Connected World, 2021): https://blog.bosch-si.com/developer/eclipse-unide-steps-to-understand-industry-devices/ (Zugriff 14-05-2021, 21:43 MEZ)

Heisab.de (Digitaler Zwilling, reale- in virtuelle Welt, 2021): https://www.heisab.de/produktion/digitaler-zwilling/ (Zugriff 14-05-2021, 21:50 MEZ)

Computerwoche.de (Digital Twin Computerwoche, 2018): https://www.computerwoche.de/a/wer-braucht-den-digitalen-zwilling-wirklich,3547167 (Zugriff 14-05-2021, 21:44 MEZ)

Management-circle.de (Haben Sie schon einen digitalen Zwilling, 2019): https://www.management-circle.de/blog/digital-twin/ (Zugriff 14-05-2021, 22:11 MEZ)

Computerwoche.de (Digital Twin – Produkthersteller und ihre Lösungen, 2019): https://www.computerwoche.de/a/wie-unternehmen-von-einem-digitalen-zwilling-profitieren,3544454,2 (Zugriff 14-05-2021, 22:12 MEZ)